Vorwort des Autors

Wie unterrichtet man in einer Klasse, in der Kinder lernen, die bei der Einschulung schon Entwicklungsunterschiede von bis zu drei Jahren aufweisen? Wie geht man mit einer Klasse um, in der neben Kindern, die schon lesend in die Schule kommen, Kinder sitzen, die in ihrem Leben noch nie Erfahrungen mit Schriftsprache gemacht haben, weil zu Hause niemand liest oder schreibt?

Zu diesen Fragen kam an unserer Schule die Einführung des jahrgangsübergreifenden Unterrichts. Dadurch erweiterte sich die Spanne von unterschiedlichen Lernerfahrungen noch ein wenig mehr. Gleichschrittige Unterrichtswerke, die von einem „Durchschnittskind" ausgehen, waren hier endgültig keine Lösung mehr.

Alternative Unterrichtsformen waren gefordert, aber es fehlten bisher gerade für den Anfangsunterricht praktikable Unterrichtsmaterialien, die auf die unterschiedlichen Lernerfahrungen der Kinder, aber auch der Lehrerinnen und Lehrer Rücksicht nehmen.

So ist ein Konzept entstanden, das sowohl in jahrgangsübergreifenden Eingangsklassen 1/2 als auch in Jahrgangsklassen (1. oder 2. Schuljahr) erfolgreich eingesetzt wurde. Als einen Baustein dieses Konzeptes halten Sie eine Werkstatt in den Händen, die so aufgebaut ist, dass sie Angebote bietet für eine ganze Bandbreite von Kindern in ihrem ersten und zweiten Lernjahr: ob die Kinder erst am Anfang ihres Lernprozesses stehen oder ob sie schon vielfältige Erfahrungen gemacht haben, möglicherweise schon lesen und schreiben können.

Ich wünsche Ihnen und Ihrer Klasse mit der vorliegenden Werkstatt viel Vergnügen.

PS: Aus Gründen der Lesbarkeit und um nicht überall „die Lehrerin/der Lehrer" schreiben zu müssen, wird im Text nur die weibliche Form verwendet in der Hoffnung, dass sich die männlichen Kollegen genauso angesprochen fühlen.

Inhalt

3 Vorwort
6 Themenübersicht aller Werkstätten

Lehrerkommentar
8 Grundsätzliches zum Werkstattunterricht
9 Organisatorische Hinweise zu dieser Werkstattreihe
10 Inhaltliche Hinweise zur Werkstatt „Der Igel – Im Herbst"

Auftragsübersicht
14 Erläuterungen zu den Arbeitsaufträgen

Auftragskarten
20 Herbstwörter (1)
   Herbstblätter (2)
   Herbstdomino (3)
21 Ein Baum (4)
   Bäume, Blätter, Früchte (5)
22 Baum-Steckbrief (6)
23 Herbstgeschichten (7)
   Herbstwetter (8)
   Gedicht: Ich bin … (9)
24 Herbstfrüchte-Memospiel (10)
   Tiere bereiten sich auf den Winter vor (11)
25 Igelwissen (12)
   Speisekarte eines Igels (13)
   Die Feinde des Igels (14)
26 Faltheft: Das Igeljahr (15)
27 Lesen, malen und schreiben (16)
   Der Igel (17)
   10 Unterschiede (18)
28 Bildergeschichte (19)
   Igelrechnen (20)
29 Leere Kopiervorlagen für eigene Auftragskarten (1/3 und 2/3 A4)
30 Leere Kopiervorlagen für eigene Auftragskarten (1/2 und 1/2 A4)
31 Leere Kopiervorlagen für eigene Auftragskarten (A4)

Werkstattunterricht

Im Herbst
Der Igel

Bernd Jockweg
Illustrationen: Anne Wöstheinrich

SCHUBI

Kopierrecht

Das Werk und seine Teile sind urheberrechtlich geschützt.
Mit dem Kaufpreis ist das Kopierrecht für den persönlichen Unterrichtsgebrauch abgegolten.
Jede weitere Vervielfältigung ohne ausdrückliche Genehmigung des Verlages ist untersagt. Ohne solche Genehmigung dürfen weder das Werk noch seine Teile in ein Netzwerk gestellt werden. Dies gilt sowohl für das Internet wie auch für Intranets von Schulen oder sonstigen Bildungseinrichtungen.

Autor: Bernd Jockweg, Münster (D)

Beraterteam Deutschland: Bettina Bertram, Maria Holtappels, Ruth Mersmann, Dagmar Rottig, Andreas Scholten, Ulrike Tönnißen

Beraterteam Schweiz und Redaktion:
Cornelia Hausherr, Winterthur
Susan Edthofer, Engelburg
Ursula Gnädinger, Schaffhausen

Illustrationen: Anne Wöstheinrich, Münster (D)
Grafische Gestaltung: Albert Bartel, Münster (D)

© 2007 SCHUBI Lernmedien AG
CH-8207 Schaffhausen

service@schubi.com
www.schubi.com

2. Auflage 2008

ISBN 978-3-86723-013-1

Arbeitsblätter

34	Herbstwörter (1)
35	Herbstblätter (2)
36	Ein Baum (4)
37	Bäume, Blätter, Früchte (5)
38	Bäume, Blätter, Früchte: Bilder zum Ausschneiden (5)
39	Baum-Steckbrief (6)
40	Herbstgeschichte 1 (7)
41	Herbstgeschichte 2 (7)
42	Herbstgeschichte 3 (7)
43	Herbstgeschichte 4 (7)
44	Herbstwetter (8)
45	Gedicht: Ich bin … (9) – D
46	Gedicht: Ich bin … (9) – CH
47	Tiere bereiten sich auf den Winter vor (11)
48	Igelwissen (12)
49	Speisekarte eines Igels (13) – D
50	Speisekarte eines Igels (13) – CH
51	Die Feinde des Igels (14)
52	Faltheft: Das Igeljahr (15)
53	Lesen, malen und schreiben: einfache Variante (16)
54	Lesen, malen und schreiben: schwierigere Variante (16)
55	10 Unterschiede (18)
56	Bildergeschichte (19)
57	Igelrechnen bis 20 (20)
58	Igelrechnen bis 100 (20)

Kontrolle und Zusätze

60	Lehrerkontrolle
61	Werkstattpass
62	Schmuckblatt liniert
63	Schmuckblatt unliniert
64	Igel-Themenheft

Anhänge und Extras

66	Gedicht „Bunt sind schon die Wälder"
67	Herbstdomino: einfache Variante (Auftragskarte 3)
69	Herbstdomino: schwierigere Variante (Auftragskarte 3)
71	Herbstfrüchte-Memospiel (Auftragskarte 10)
75	Lesekarten: einfache Variante (Auftragskarte 17)
77	Lesekarten: schwierigere Variante (Auftragskarte 17)

Themenübersicht aller Werkstätten

Titel	Möglicher Zeitraum
In der Schule (No 114 20)	Schulanfang (August)
Ich und meine Familie (No 114 30)	Schulanfang (August)
Auf dem Bauernhof (No 114 21)	September/Oktober
Der Apfel (No 114 31)	September/Oktober
Im Herbst – Der Igel (No 114 22)	Oktober/November
Unsere Umwelt (No 114 32)	Oktober/November
Die Sterne (No 114 23)	Dezember
Weihnachten (No 114 33)	Dezember
Märchen (No 114 24)	Januar/Februar
Licht und Schatten (No 114 34)	Januar/Februar
Magnetismus (No 114 25)	Februar/März
Kunst – Niki de Saint Phalle (No 114 35)	Februar/März
Bauen und konstruieren (No 114 26)	März/April
Meine Sinne (No 114 36)	März/April
Im Frühling (No 114 27)	April/Mai
Gesunde Ernährung (No 114 37)	April/Mai
Rund ums Rad (No 114 28)	Mai/Juni
Computer und Co. (No 114 38)	Mai/Juni
Wasser (No 114 29)	Juni/Juli
Im Zoo (No 114 39)	Juni/Juli

Lehrerkommentar

Grundsätzliches zum Werkstattunterricht

Methodische Überlegungen

Das Konzept des Werkstattunterrichts ist keine neue Erfindung. Schon seit langem lernen Kinder erfolgreich mit dieser Unterrichtsform: Wie in einer „richtigen" Werkstatt arbeiten die Kinder an verschiedenen Aufgaben, aber an einem Thema. Dabei gibt es Aufträge, die von einzelnen Kindern bearbeitet werden und andere, die nur von Gruppen erfolgreich bewältigt werden können. Kinder übernehmen Verantwortung für bestimmte Bereiche, werden hier Experten und sind anderen behilflich. In anderen Bereichen nehmen sie die Hilfe von anderen Kindern an.

Rolle der Lehrerin

Die Rolle der Lehrerin ist im Werkstattunterricht eine gänzlich andere als beim traditionellen lehrerzentrierten Unterricht: Sie ist Beraterin, Organisatorin der Lernprozesse, unterstützt Kinder, die noch Schwierigkeiten haben, ihren eigenen Lernweg zu steuern.

Lernanfänger und Rechtschreibung

Für die Bearbeitung der Aufgaben durch die Lernanfänger ist das Konzept „Lesen durch Schreiben" von Dr. Jürgen Reichen sinnvoll: Die Kinder notieren ihre Ergebnisse zunächst lautgetreu und werden im Laufe ihrer Schreibentwicklung nach und nach ihre rechtschriftlichen Fähigkeiten erweitern. Daher können sowohl Lehrerinnen als auch Eltern natürlich von Erstklässlern noch nicht erwarten, dass ihre Arbeitsergebnisse rechtschriftlich der Dudennorm entsprechen. Dies ist besonders wichtig zu betonen, falls Arbeiten als Hausaufgaben bearbeitet werden.

Elternarbeit

Wenn jemand das erste Mal mit einer Werkstatt arbeitet, kann auch ein Elternabend zu diesem Thema wichtig sein. Es kann zum Beispiel eine vorbereitete Werkstatt präsentiert werden, damit die Eltern sich einen Überblick über die verschiedenen Übungsformate und -inhalte verschaffen können. Wenn die Eltern wissen, dass in einer „Werkstatt" nicht nur mit Hammer und Säge gebastelt wird, stehen sie der Öffnung des Unterrichts in der Regel erheblich aufgeschlossener gegenüber. Bei einer rechtzeitigen Bekanntgabe der verschiedenen Werkstattthemen für das kommende Schuljahr finden sich oft auch Eltern, die durch den Beruf Beiträge zum Thema leisten können.

Arbeitsweise, Einführung und Abschluss

Während einer Werkstatt wird es verschiedene Arbeitsphasen mit verschiedenen Sozialformen geben: Einzel-, Partner- oder Gruppenarbeiten zum Thema der Werkstatt. Nicht zu unterschätzen sind aber auch gemeinsame Phasen mit allen Kindern im Sitzkreis, in „Kinoreihen" vor der Tafel oder auch in Kleingruppen. Zur Einführung des Themas bietet sich immer ein Gespräch mit den Kindern im Sitzkreis an, in dem das Thema abgesteckt wird. Dies kann zum Beispiel mit einem Cluster oder Brainstorming geschehen.

Gerade am Anfang ist es sinnvoll, den Kindern nicht alle Aufgaben auf einmal zur Verfügung zu stellen. Für den Start sollten Aufgaben mit verschiedenem Schwierigkeitsgrad eingeführt sein, damit alle Kinder befriedigende Ergebnisse erbringen können.

Jede Gelegenheit, über das Thema zu sprechen, sollte genutzt werden:

– Einführung einer neuen Aufgabe.
– Zu Beginn der Werkstattarbeit kann gemeinsam besprochen werden, welche Aufgaben sich die Kinder für diesen Tag vorgenommen haben.
– In einer Reflexion am Ende des Tages kann über die geleistete Arbeit nachgedacht und ein besonderes Ergebnis entsprechend gewürdigt werden.

Es ist schön, wenn eine Werkstatt ganz zum Schluss mit einem kleinen besonderen Ereignis beendet werden kann. Zum Beispiel mit einem Abschlussfest, zu dem eine andere Schulklasse oder die Eltern eingeladen werden, einer Präsentation von Ergebnissen im Klassenverband oder einer feierlichen Übergabe der Werkstattbücher.

Aufbewahrung

Wie die Werkstatt aufbereitet und den Kindern angeboten wird, hängt vom Platzangebot in der Klasse ab. Eine relativ platzsparende Möglichkeit sind stapelbare Ablagekästen. 20 durchnummerierte Kästen enthalten die 20 Aufgaben der Werkstatt mit ihren jeweiligen Aufgabenkarten. Daneben sollten noch drei weitere Kästen die linierten und unlinierten Schmuckblätter sowie die kleinen Themenhefte (s. S. 62–64) enthalten.

Umgang mit den Arbeitsergebnissen

Auch hier bieten sich mehrere Möglichkeiten an, die verschiedene Vor- und Nachteile haben, letztlich aber vor allem eine Frage des persönlichen Geschmacks sind:

– eine Werkstattmappe, in der alle Arbeitsergebnisse abgeheftet werden. Für kleinere Ergebnisse, die nicht gelocht werden können, empfiehlt es sich, in jeder Mappe eine Klarsichthülle einzuheften,
– ein Hängeregister, in das die Arbeitsergebnisse gesteckt werden,
– eine gemeinsame Kiste, in welche die Kinder ihre mit Namen versehenen Arbeitsergebnisse legen; die Lehrerin sortiert und bewahrt die Ergebnisse dann bis zum Ende der Werkstatt auf.

In allen Fällen sollten die Arbeiten der Kinder zum Abschluss der Werkstatt entsprechend gewürdigt werden.

Organisatorische Hinweise zu dieser Werkstattreihe

Werkstattreihe mit 20 Themen
Die vorliegende Unterrichtseinheit gehört zu einer Reihe von 20 sachkundlich orientierten Werkstätten.

Aufbau
Jede der 20 Werkstätten aus dieser Reihe ist ähnlich aufgebaut und enthält ein übersichtliches Materialangebot, das es den Kindern in Ihrer Klasse erlaubt, sich selbstgesteuert mit dem Thema auseinander zu setzen. So finden sich die Kinder mit jeder durchgeführten Werkstatt besser mit den Materialien zurecht, können auf Erfahrungen zurückgreifen und werden immer selbstständiger damit arbeiten können. Die meisten Materialien sind als Kopiervorlagen angelegt, für Spiele oder Ähnliches sind im hinteren Teil jeder Werkstatt einige farbige Bögen dabei.

Auftragskarten
Die Auftragskarten sollten auf (farbigen) Karton kopiert werden und enthalten eine ausführliche Anleitung für die jeweilige Aufgabe bzw. das Arbeitsblatt. Der Textumfang wird für die meisten Kinder im 1. oder 2. Schuljahr zu schwierig sein. Sie sind auch eher für eine gemeinsame Besprechung im Sitzkreis gedacht, bei der die Lehrerin den Text vorliest und gemeinsam mit den Kindern bespricht. Wer Auftragskarten bevorzugt, die mit wenigen Symbolen auskommen, kann die leeren Kopiervorlagen benutzen, um Aufträge nach eigenen Bedürfnissen zu gestalten.

Unten auf der Karte wird das Helferkind (der „Chef") eingetragen, das für diese Aufgabe die Verantwortung übernimmt. Es hilft, wenn andere Kinder nicht mehr weiterkommen, achtet darauf, dass die Materialien in einem ordentlichen und vollständigen Zustand bleiben und kontrolliert das Ergebnis bei seinen Mitschülerinnen und Mitschülern. Gerade der letzte Punkt verlangt von der Lehrerin Zurückhaltung, bringt aber einen großen Gewinn im Bereich Verantwortungsbewusstsein.

Aufgaben und Arbeitsblätter
20 Aufgaben ermöglichen einen breit gefächerten Zugang zum Thema dieser Werkstatt. Die Auswahl der Aufgaben ist dabei immer möglichst fächerübergreifend angelegt, neben sachunterrichtlichen Aspekten finden sich auch Aufgaben aus den Bereichen Lesen, Schreiben, Rechnen, Wahrnehmung, Konzentration und Feinmotorik. Soweit es sich anbot, wurden Differenzierungsmöglichkeiten innerhalb eines Arbeitsblattes angelegt. Direkte Hinweise dazu finden Sie bei den „Erläuterungen zu den Arbeitsaufträgen" ab Seite 14.

Manche Aufgaben sind nur für Kinder geeignet, die schon lesen können, manche sind eher für Kinder gedacht, die noch große Schwierigkeiten mit dem Lesen haben. In der Regel sind die Kinder in der Lage, sich die Aufgaben herauszusuchen, die für sie richtig und wichtig sind. In manchen Fällen benötigen sie bei der Auswahl aber auch die Unterstützung der Lehrerin.

Dauer und Aufgabenmenge
Wie viele Aufgaben die Kinder in einem bestimmten Zeitraum bearbeiten können, ist sehr unterschiedlich und hängt in erster Linie von der Leistungsfähigkeit der Klasse und des einzelnen Kindes sowie vom zeitlichen Umfang der Werkstattarbeit ab. In der Regel sollten aber die meisten Kinder in der Lage sein, mindestens zwei Aufgaben pro Woche selbstständig zu erledigen. Bei der Dauer von drei bis vier Wochen einer Werkstatt sollte also jedes Kind ungefähr ein Drittel der Werkstattaufgaben oder mehr bearbeitet haben.

Schmuckblätter
Die Kopiervorlagen für linierte und unlinierte Schmuckblätter können bei verschiedenen Gelegenheiten eingesetzt werden. Kinder können sie nutzen, um Lösungen für Aufgaben zu notieren, zu denen es kein Arbeitsblatt gibt, oder wenn sie Bilder und Texte zum Werkstattthema anfertigen möchten.

Themenhefte
Dieses Blatt kann auf festeres, evtl. farbiges Papier (Kopierkarton) kopiert werden. Mit 2–3 leeren Blättern wird es dann zu einem kleinen Heft zusammengeheftet. Die Kinder können danach die Umrisslinie ausschneiden und erhalten ihr persönliches Themenheft zur Werkstatt, in das sie eigene Geschichten schreiben, Notizen machen oder worin sie Dinge sammeln können, die zum Thema gehören. Mit seinem praktischen Format passt das Themenheft in jede Hosentasche. So können die Kinder auch unterwegs, zu Hause und in ihrer Freizeit Beiträge zur Werkstatt sammeln.

Werkstattpass
Auf diesem Blatt malen die Kinder die Aufgaben an, die sie bereits erfolgreich bearbeitet haben. Es dient sowohl den Kindern als auch der Lehrerin als Übersicht. Falls gewünscht, können hier auch (individuelle) Pflichtaufgaben markiert werden. Ebenso kann mit den Aufgaben verfahren werden, für welche die Kinder als Helferkind eingesetzt wurden.

Lehrerkontrolle
Bei Bedarf können hier die Aufgaben notiert werden, welche die Kinder erledigt haben. Werden dabei Symbole (wie +, o, - etc.) verwendet, entsteht auf einfache Art ein Überblick, wie die Kinder mit der Werkstatt gearbeitet haben.

Inhaltliche Hinweise zur Werkstatt „Im Herbst – Der Igel"

Schwerpunkt

Der Herbst bringt gerade durch den Wetterwechsel und die kürzer werdenden Tage einige Veränderungen im Leben der Tiere aber auch der Menschen mit sich. Es wird morgens immer dunkler, wenn die Kinder zur Schule gehen, das birgt auch für Kinder Gefahren, mit denen sie sich auseinandersetzen müssen. Dies sollte immer wieder Thema von Unterrichtsgesprächen sein.

Igel sind faszinierende Tiere. Mit ihren Knopfaugen und ihrem putzigen Gesicht lösen sie bei den Kindern in der Regel positive Gefühle aus. Wegen ihrer Stacheln, die ihnen Schutz vor den meisten Feinden bieten, werden sie bewundert. Auch in Märchen taucht der Igel auf, z. B. „Der Hase und der Igel" (Gebrüder Grimm).

Sachinformationen zum Igel

Igel werden 20–30 cm groß, gelegentlich bis zu 35 cm. Bevor sie ihren Winterschlaf antreten, wiegen sie zwischen 800 und 1200 g. Während des Winterschlafs schrumpft ihr Gewicht auf ca. 400 g.

Die Stacheln eines Igels befinden sich auf dem Rücken, Kopf und Bauch sind dagegen mit Haaren bedeckt. Ein erwachsener Igel besitzt durchschnittlich 5000–6000 Stacheln, manche noch mehr. Igeljunge haben beim Verlassen des Nestes ungefähr 3000 Stacheln. Männchen und Weibchen sind auf den ersten Blick nur schwer zu unterscheiden, da das Stachelkleid bei beiden gleich ist.

Das Igelgebiss besteht aus 36 spitzen Zähnen, 20 davon sitzen im Oberkiefer und 16 im Unterkiefer.

Die durchschnittliche Lebenserwartung eines Igels liegt bei zwei Jahren und beträgt höchstens sieben Jahre. Viele Jungtiere sterben bereits im Laufe des ersten Winters.

Igel sind Einzelgänger, jeder Igel hat sein eigenes Revier. Männchen und Weibchen treffen sich nur zur Paarung.

Es ist ein fataler Irrtum zu glauben, dass man Igeln Milch geben sollte, um sie zu stärken. Igel mögen Milch zwar, vertragen sie aber nicht und können im schlimmsten Fall daran sterben. In der Regel kann sich ein Igel selbst ernähren. Unbedenklich sind ansonsten Katzenfutter und eine Schale Wasser.

Wer im Herbst einen offensichtlich unterernährten Igel findet, sollte sich mit einer Igelstation in Verbindung setzen, Adressen und Telefonnummern sind über das örtliche Tierheim zu erfahren. Hier werden die Igel kompetent gepflegt, sodass sie im nächsten Jahr wieder für sich selbst sorgen können.

Lernziele

Die Kinder lernen Besonderheiten der Jahreszeit Herbst kennen.

Die Kinder ordnen ausgewählten heimischen Baumarten Blattformen und Früchte zu.

Die Kinder lernen den Igel und seine Eigenschaften, seine Lebensbedingungen, Fressgewohnheiten etc. kennen.

Lehrplanbezüge

Folgende Bereiche des Sachunterrichts werden von verschiedenen Aufgaben der Werkstatt und durch den begleitenden gemeinsamen Unterricht angeschnitten:

- Natur und Leben
  - Pflanzen und Tiere – natürliche und gestaltete Lebensräume
    (Pflanzen und Tiere in ihrem Lebensraum beobachten, benennen und beschreiben; Achtung und Verantwortung gegenüber Tieren und Pflanzen entwickeln)
- Zeit und Kultur
  - Zeiteinteilung und Zeitablauf
    (Zeit messen, Zeiträume unterscheiden und Zeit einteilen; Ereignisse im Jahreslauf kennenlernen)

Inhaltliche Hinweise zur Werkstatt „Im Herbst – Der Igel"

Möglicher Zeitraum

Wenn sich das Laub verfärbt und die Baumfrüchte reif werden, beginnt der Herbst. Er dauert bis zum Winter und hat auch im November einiges zu bieten. Für eine Herbstwerkstatt sind vor allem Oktober und November geeignet. Will man mit Herbstfrüchten basteln, z.B. mit Kastanien, sollte man die Kinder rechtzeitig zum Sammeln auffordern.

Vorschläge für den gemeinsamen Unterricht

- Herbstspaziergänge.
- Helle oder dunkle Kleidung – mit welchen „Tricks" kann ich mich für Autofahrer sichtbarer machen und bin dadurch geschützter im Straßenverkehr?
- Besuch einer Igelstation oder eines Tierheims, das sich um Igel kümmert.
- Bunte Blätter sammeln und pressen. Zwei gleiche Blätter auf je eine Karte kleben. Bei einer entsprechend großen Sammlung kann daraus ein Memospiel entstehen. Die Blätter können auch für eine Frottage genutzt werden, s. Gemeinschaftsaufgabe. Als Impuls für eine Blättersammlung eignet sich z. B. das Gedicht „Eine Blättergeschichte" von Elisabeth Stiemert, zu finden in „Lesefreunde 2", Verlag Cornelsen: Volk und Wissen.
- Ein Herbstgedicht gemeinsam auswendig lernen:
  - Gedicht „Herbsträtsel" von Hermann Siegmann, zu finden in „Lilos Lesewelt 3 – Das Lesebuch", im Kapitel „Fünf Hunde für eine Eule", Helbling Verlag.
  - Gedicht „Bunt sind schon die Wälder" von Johann Gaudenz von Salis-Seewis, s. Anhänge und Extras.
- Vorlesegeschichte „Vom Igel, der Hunger hatte" von Josef Guggenmos, zu finden in der Anthologie „Frühlingsbär küsst Federvieh", Verlag Fischer Schatzinsel. In diese Geschichte über den Traum eines Igels sind spannende Informationen über Kurzsichtigkeit, Fressgewohnheiten, die Tatsache, dass Igel auch Schlangen fressen usw. eingebaut. Das bietet manchen Anlass für ein intensives Gespräch mit den Kindern.
- Das Märchen „Der Hase und der Igel" nach den Gebrüdern Grimm.
- Gemeinschaftsaufgabe:

  Für die Gemeinschaftsaufgabe sollten die Kinder möglichst viele verschiedene Blätter mitbringen. Auf ein großes Plakat wird ein „Klassenbaum" skizziert. Mit der Frottage-Technik gestalten die Kinder Herbstblätter. Dazu werden die Blätter unter ein Papier gelegt. Die Kinder malen nun mit Wachsmalstiften in Herbstfarben über diese Stelle. Dadurch wird die Struktur des Blattes auf dem Papier sichtbar. Anschließend schneiden sie die neu entstandenen Blätter aus und kleben diese auf den Klassenbaum.

Fächerübergreifende Vorschläge

- Musik

  Lied „Der Herbst ist da", Hans R. Franzke, CD Klassenhits,
  143 Lieder rund um die Schule. Kontakte Musikverlag.

  Lied „Kleine Igel schlafen gern", Weihnachts-Hits. 75 Weihnachtslieder von St. Martin bis zu den Heiligen Drei Königen, Audio-CD, 3 CDs. Kontakte Musikverlag.

  Das Igel-Lied eignet sich gut als Kreisspiel: Die Kinder sitzen im Kreis. Ein Kind legt sich in die Mitte und spielt den schlafenden Igel. Ein Teil der Klasse singt, die anderen Kinder untermalen die Strophen mit passenden Geräuschen. Dazu können alle passende Bewegungen machen. Der Igel winkt jeweils an der entsprechenden Stelle mit der Hand ab, dreht sich um und schläft weiter.

- Kunst

  Bildbetrachtung „Heimkehr der Herde", Herbstbild aus dem Zyklus der Jahreszeiten, von Pieter Bruegel dem Älteren. Bruegel wurde vor allem durch die Darstellung bäuerlicher Szenen bekannt. Wenn man den Kindern den Titel ohne den Zusatz Herbst nennt, kann gemeinsam herausgearbeitet werden, um welche Jahreszeit es sich handelt und woran man diese erkennt: Farben des Bodens, des Himmels, Bäume ohne Blätter, Kleidung der Bauern.

Inhaltliche Hinweise zur Werkstatt „Im Herbst – Der Igel"

Nachgestaltung: Die Kinder bemalen das untere Drittel eines Zeichenblattes mit Wasserfarbe in herbstlichen Farbtönen: gelb, rot, braun. Für die oberen beiden Drittel verwenden die Kinder einen breiten Pinsel. Die mit viel Wasser gemischten blauschwarzen Farbtöne tragen sie mit Querstrichen auf.

Während das Bild trocknet, wird in einer weiteren Bildbetrachtung das Augenmerk der Kinder auf die Darstellung der Bäume auf der linken Bildseite gelenkt. Um eigene Bäume mit filigranen schwarzen Ästen auf das Bild zu setzen, lassen die Kinder tiefschwarze Wasserfarbe auf das Bild tropfen und pusten sie mit einem Strohhalm zu einem Baum.

- Gestalten
  - Herbstblätter drucken: Blätter von verschiedenen Bäumen werden mit Wasserfarben eingefärbt und per Abklatschtechnik auf Papier gedruckt. Die Blattadern können mit einem schwarzen Filzstift nachgezeichnet werden.
  - Herbstkrone: Aus Früchten wie Kastanien, Eicheln und Blättern eine Krone basteln.
  - Herbstrahmen aus vier Ästen: Vier gleich große Äste werden zu einem Rechteck zusammengebunden. Kreuz und quer werden Wollfäden zwischen die Äste gespannt. Daran können Blätter, Früchte, Rinde und kleine Äste befestigt werden. Vor einem hellen Hintergrund oder als Fensterbild wirken die Herbstrahmen besonders eindrucksvoll.
  - Regenschirmbild: Mit Bleistift mehrere große „Regenschirme" auf ein Blatt zeichnen. Zuerst an einem Beispiel den Aufbau eines Regenschirms verdeutlichen. Für das Format ist es hilfreich, wenn man den Kindern eine „Messhilfe" zum Vergleich angibt, z. B.: „so groß wie eine Hand". Die skizzierten Regenschirme mit (wasserfesten) Wachsmalstiften farbig gestalten. Mit viel Wasser, wenig schwarzer Wasserfarbe und einem Schwamm oder einem dicken Pinsel das Blatt regengrau einfärben. In der Regel bleiben auf den Wachsfarben-Schirmen die Farbtropfen wie Regentropfen hängen und trocknen ein.
  - Igel mit Zeitungsstacheln: Zuerst bemalen die Kinder für die Stacheln Zeitungspapier mit Wasserfarben in den Farben schwarz, grau, braun. Auf ein Zeichenblatt malen sie den Umriss eines Igels. Der Hintergrund kann braungrün wie Laub gestaltet werden. Das gefärbte Zeitungspapier schneiden sie in dünne Streifen und kleben diese als Stacheln fächerförmig auf den Igel-Umriss. Anmerkung: Die Herstellung der Igel-Figur ist zeitaufwändig.
  - Igel mit Nägelstacheln: Aus Holzabfall und Nägeln einen Igel bauen.
  - Pompon-Igel: Aus grauer Wolle einen Pompon als Igelkörper herstellen. Auf Karton einen Kopf und vier Füße aufzeichnen, ausschneiden und an den entsprechenden Stellen in den Pompon kleben.

Kinder- und Jugendbücher

Ursula Drefke-Falkenstein: Vom Igel, der nicht schlafen wollte.
Lese-Reihe für die Grundschule. Klett Verlag.

Der Igel. Die kleine Kinderbibliothek. Bibliographisches Institut Mannheim.

Auftragsübersicht

Erläuterungen zu den Arbeitsaufträgen

Differenzierungsmöglichkeiten innerhalb einer Aufgabe werden mit ★ gekennzeichnet.

Herbstwörter 1

① Auf dem Arbeitsblatt finden sich Herbstfrüchte und andere Dinge, die mit Herbst zu tun haben. Neben die Bilder sollen die entsprechenden Bezeichnungen geschrieben werden.

★ Kinder, die schon Schreiberfahrungen besitzen, werden aufgefordert, den Artikel vor das jeweilige Wort zu setzen. Kinder im zweiten Lernjahr schreiben neben jedes Bild einen kleinen Satz.

② Zwischen den beiden Drachenbildern gibt es zehn Unterschiede zu entdecken.

Lösungsbild:

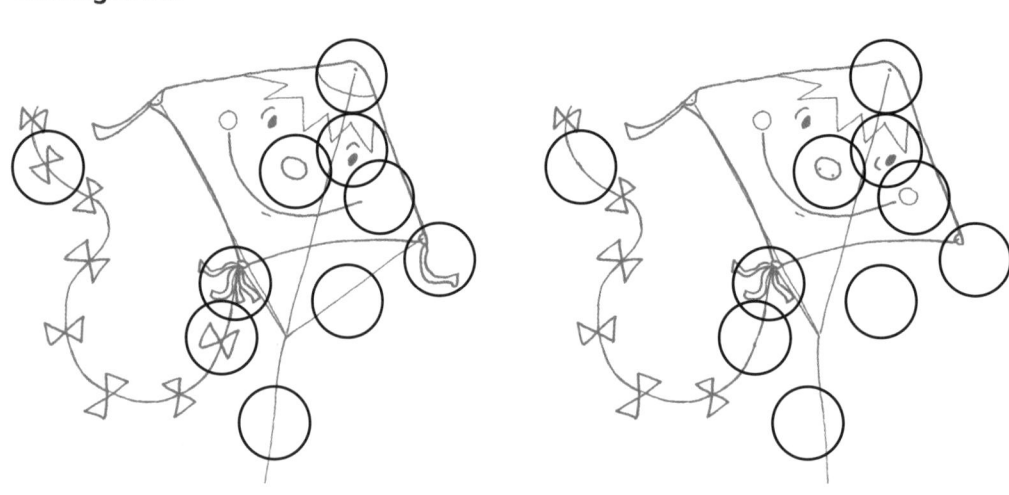

Herbstblätter 2

Bei dieser Wahrnehmungsaufgabe sollen die Kinder die übereinander gelagerten Blattformen erkennen und entsprechend der Färbeanweisung anmalen. Anschließend sollen sie die gefärbten Blätter zählen.

Herbstdomino 3

Beim Lesedomino zum Thema "Herbst" beginnen die Kinder mit der „Start-Karte". Zum Text wird jeweils die Karte mit dem entsprechenden Bild gesucht. Dies geht immer so weiter, bis die letzte Karte mit „Ende" angelegt werden kann.

★ Zur Auswahl stehen zwei Dominos mit unterschiedlichem Textumfang. Während das schwierigere Domino einen umfangreichen Satz enthält, muss beim Wörterdomino nur ein Wort gelesen werden. Die einfache Domino-Variante eignet sich auch für Kinder, die gerade erst anfangen zu lesen:
Da die Anlaute der Wörter verschieden sind, ist eine Zuordnung auch über die Identifikation des Anlautes – statt über das gesamte Wort – möglich.

© SCHUBI

Erläuterungen zu den Arbeitsaufträgen

Ein Baum   4

① Bei diesem Arbeitsblatt schreiben die Kinder die Bezeichnungen von oben nach unten zu den entsprechenden Baumteilen: Blatt, Zweig, Ast, Stamm, Rinde, Wurzel.

② Hier sollen in beiden Reihen diejenigen Bäume eingekreist werden, die jeweils dem ersten Baum entsprechen.

Bäume, Blätter, Früchte   5

Die Kinder ordnen den Baumformen und -namen die Blätter und Früchte zu. Diese Aufgabe ist nur möglich, wenn die Kinder vorher Blätter und Früchte gesammelt haben oder entsprechendes Anschauungsmaterial zur Verfügung gestellt wurde. Die Kinder werden auf der Auftragskarte auch aufgefordert, Herbstfrüchte von Bäumen zu sammeln (s. auch Aufgabe 10).

Baum-Steckbrief   6

Bei dieser Aufgabe brauchen die Kinder erfahrungsgemäß ein Vorbild. Es empfiehlt sich, zuerst mit den Kindern gemeinsam ein Beispiel zu erarbeiten, z. B. anhand eines Baumes auf dem Schulhof. Oder man bietet ihnen einen selbst erstellten Steckbrief als Vorbild (nicht als Kopiervorlage!) an.
In das Feld „Baum" wird der gewählte Baum gezeichnet. Dies ist für Kinder dieser Altersstufe sehr anspruchsvoll. Wenn die Kinder ein Foto des Baumes haben, kann natürlich auch das Foto eingeklebt werden.
Die Rinde lässt sich gut durch Frottage abbilden: Ein Blatt auf die Rinde legen und mit einem dicken Buntstift, besser noch mit Wachsmalstiften oder -blöcken, übermalen. Dadurch überträgt sich das Muster der Rinde auf das Blatt. Für die Frottage verwenden die Kinder ein Zusatzblatt. Sie schneiden dann ein Stück der übertragenen Rindenstruktur aus und kleben dieses auf ihr Arbeitsblatt.
Ist das Blatt des Baumes klein genug, kann es gepresst und anschließend aufgeklebt werden. Ansonsten sollte es abgemalt werden. Nach Möglichkeit halten die Kinder eine Beschreibung fest. Die Auftragskarte enthält dazu wichtige Begriffe, die genutzt werden können.
Die Frucht ist nur bei wenigen Baumarten so flach, dass sie aufgeklebt werden kann. Hier wird also auf jeden Fall eine Zeichnung oder ein Foto benötigt.

Herbstgeschichten   7

Die Kinder schreiben eine Herbstgeschichte. Dazu können sie sich von einem der vier vorgegebenen Anfänge anregen lassen.

© SCHUBI

Erläuterungen zu den Arbeitsaufträgen

Herbstwetter 8

① Im Buchstabenrechteck können die Kinder Begriffe für typische Herbstwetterlagen entdecken. Die Wörter tauchen mitunter mehrmals auf. Zunächst kreisen die Kinder alle Wörter ein: Wind, Frost, Nebel, Hitze, Regen, Sonne, Sturm. Dann zählen sie die Anzahl der gefundenen Wörter und tragen diese im unteren Feld ein.

Lösung: Wind (vier), Frost (zwei), Nebel (drei), Hitze (null), Regen (vier), Sonne (einmal), Sturm (zwei).

② Wenn sich das Windrad in der Pfeilrichtung dreht, wie dreht sich dann die Spirale? Diese Frage beantworten die Kinder, indem sie bei jedem Rad und „Antriebsriemen" die Drehrichtung eintragen.

Lösungsbild:

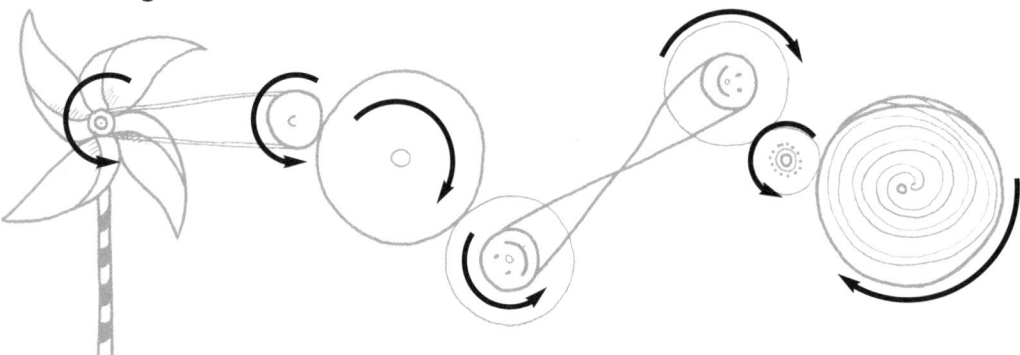

Gedicht: Ich bin... 9

Das Gedicht „Ich bin der Wind" von Erwin Moser sollte zuerst besprochen werden, bevor die Kinder ein eigenes „Ich bin..."-Gedicht verfassen. Um die beiden wesentlichen Gestaltungsmerkmale des Gedichtes zu erkennen, sollen die Kinder zunächst die Überschrift im Gedicht wiedererkennen und markieren.
Schwieriger zu durchschauen ist für die Kinder, dass die Sätze nach nur wenigen Wörtern in der nächsten Reihe fortgesetzt werden. Hier kann im Klassengespräch aufgezeigt werden, dass Gedichte oft die Eigenart besitzen, dass die Sprache auf eine besondere Art und Weise gestaltet wird, die auch optisch sichtbar ist.
Als Hilfe können die Kinder auch zählen, wie viele Wörter jeweils in einer Reihe stehen. Dies könnte auch als Regel für die eigenen Gedichte genommen werden: Schreibe immer zwei, drei oder vier Wörter in eine Reihe.
Worüber die Kinder Gedichte schreiben, sollte ganz ihrer Fantasie überlassen bleiben. Hilfreich kann es sein, wenn jedes Kind zunächst ein Cluster schreibt: Das Thema auf ein Blatt in die Mitte schreiben, und einkreisen. Um diesen Kreis notiert das Kind alle Wörter, die ihm zum Thema einfallen. Beim Verfassen der einzelnen Gedicht-Sätze kann das Kind dann auf diese Sammlung zurückgreifen.

Herbstfrüchte-Memospiel 10

Auf den Karten sind zwölf verschiedene Herbstfrüchte abgebildet: Ahornfrucht, Walnuss/Baumnuss, Vogelbeere, Hagebutte, Lindenfrucht, Eichel, Trauben, Rosskastanie, Buchecker, Apfel, Holunderfrucht, Haselnuss.

Die Kinder spielen das Spiel gemäß den Regeln auf der Auftragskarte.

© SCHUBI

Erläuterungen zu den Arbeitsaufträgen

Tiere bereiten sich auf den Winter vor (11)

Die Kinder forschen nach, wie sich Tiere auf den Winter vorbereiten. Informationen zu Igeln können die Kinder aus den Geschichten und der Werkstatt sammeln. Für die Eichhörnchen, Schwalben und das Tier nach Wahl benötigen die Kinder weitergehende Informationsmöglichkeiten wie Lexika, Tierbücher, Internet.

Igelwissen (12)

① Die Kinder ordnen die Begriffe den entsprechenden Körperteilen zu: Stacheln, Ohren, Nase, Schnauze, Vorderbeine, Augen, Hinterbeine.

② Der kleine Lesetext ist zum Selbstlesen oder Vorlesenlassen gedacht.

Speisekarte eines Igels (13)

Ausgehend von Alfons Schweiggerts Gedicht „Was ein Igel alles frisst" schreiben die Kinder die Namen zu den „Leckereien" auf dem Igel-Speiseplan.

Lösung: Käfer, Biene, Schnecke, Maus, Ei, Spinne, Frosch, Wasser, Schlange, Regenwurm.

Die Feinde des Igels (14)

Bei dieser Labyrinth-Aufgabe lernen die Kinder die Feinde des Igels kennen. Sie müssen jenen Weg zu seinem Winterquartier herausfinden, auf dem er keinem Feind begegnet. Anschließend notieren die Kinder noch die Namen der Feinde.

Lösung: Dachs, Eule, Marder, Fuchs, Auto.

Faltheft: Das Igeljahr (15)

Mit diesem Heft lernen die Kinder die Schwerpunkte im Jahreslauf eines Igels kennen. Neben dem Falten und Anmalen des Buches müssen die Kinder die richtigen Jahreszeiten einsetzen.

Lesen, malen und schreiben (16)

Entsprechend dem Lesetext soll das Bild vervollständigt werden. Auf die Linien schreiben die Kinder entweder einen zum Bild passenden Text oder ein eigenes Igel-Erlebnis.

★ Bei diesem Arbeitsblatt gibt es zwei Schwierigkeitsgrade. Die einfachere Variante ist durch eine Feder gekennzeichnet, die schwierigere durch ein Gewicht. In beiden Fällen können die Kinder die Aufgabe aber nur bearbeiten, wenn sie schon lesen können.

© SCHUBI

Erläuterungen zu den Arbeitsaufträgen

Der Igel 17

Die Lesekarten werden so auf dem Tisch verteilt, dass die Bilder sichtbar sind. Das Kind beginnt mit der Titelkarte „Der Igel". Es liest den Text auf der Rückseite und sucht anschließend das passende Bild. So geht es weiter, bis es das letzte Bild gefunden hat, auf dessen Rückseite „Ende" steht.

Varianten: Mehrere Kinder verteilen die Karten unter sich. Das Kind, das die Titelkarte hat, liest den Text auf der Rückseite vor. Weiter geht es mit dem Kind, welches das passende Bild zu diesem Text hat.

★ Als einfachere Variante gibt es die gleichen Karten mit jeweils einem Wort auf der Rückseite.

10 Unterschiede 18

Bei dieser Konzentrations- und Wahrnehmungsübung kreisen die Kinder die 10 Unterschiede mit einem roten Stift ein und schreiben etwas Passendes dazu, z. B. einen Text oder die Namen der „Unterschiede".

Lösungsbild:

Bildergeschichte 19

Zu den Bildern schreiben die Kinder eine Geschichte. Wenn der Platz auf dem Arbeitsblatt nicht ausreicht, kann selbstverständlich ein weiteres Blatt hinzugenommen werden. Die fett gedruckte Linie ist für einen passenden Titel gedacht. Hilfreich ist, wenn man zunächst eine Geschichte mündlich im Unterrichtsgespräch mit allen Kindern gemeinsam entwickelt.

Igelrechnen bis 20 – Igelrechnen bis 100 20

Nachdem die Kinder die Plusaufgaben gelöst haben, tragen sie die Buchstaben unten bei den entsprechenden Ergebnissen ein.

★ Dieses Arbeitsblatt gibt es in zwei Varianten: für den Zahlenraum bis 20 und für den Zahlenraum bis 100.

Lösung: Der Igel muss vor dem Winterschlaf viel fressen.

© SCHUB

Auftragskarten

Herbstwörter ①

① Das Wetter ist im Herbst anders als im Frühling, Sommer oder Winter.
Viele Pflanzen tragen im Herbst Früchte. Die Menschen feiern in dieser Jahreszeit besondere Feste.
Alle Dinge, die du hier siehst, haben mit dem Herbst zu tun. Kennst du alle?
Schreibe die Namen auf.
Wenn du schon gut schreiben kannst, dann schreibe auch den Artikel „der", „die" oder „das" davor. Du kannst auch einen kleinen Satz schreiben.

② Findest du die 10 Unterschiede zwischen den beiden Drachen?

? Helferkind: _____

© SCHUBI

Herbstblätter ②

Im Herbst verändern sich die Farben der Blätter an den Bäumen.
Die meisten Bäume verlieren später ihre Blätter.

Male alle Blätter auf diesem Blatt in den angegebenen Herbstfarben an.

Zähle die Blättersorten und schreibe die vier Zahlen beim passenden Blatt auf die Linie.

? Helferkind: _____

© SCHUBI

Herbstdomino ③

Kennst du dich mit dem Herbst gut aus?

Dann versuche, eines der beiden Dominos zu legen.

Wenn du gerade erst anfängst zu lesen,
dann versuche, das Wörter-Domino zu legen.
Wenn du schon gut lesen kannst, dann nimm das Sätze-Domino.

? Helferkind: _____

© SCHUBI

Ein Baum   4

① Kennst du die Teile eines Baumes?
Schreibe diese Wörter in die passenden Kästchen:

Ast – Blatt – Rinde – Stamm – Wurzel – Zweig

② Finde die Bäume, die so aussehen wie der Baum im Kreis.

? Helferkind: _____

© SCHUBI

Bäume, Blätter, Früchte   5

Es gibt viele verschiedene Baumarten.
Auf dem Arbeitsblatt findest du vier bekannte Bäume.

Schneide die Früchte und Blätter aus und klebe sie zu den richtigen Bäumen.

Male sie in den entsprechenden Farben an.

Sammle auch Blätter und Früchte in der Natur und mache zusammen mit anderen Kindern daraus eine kleine Ausstellung.

? Helferkind: _____

© SCHUBI

Baum-Steckbrief

① Suche dir einen Baum aus, den du schön findest.
Wo steht er? Bei dir zu Hause? In einem Wald? In einem Park?

② Schreibe den Namen des Baumes auf.
Frage Erwachsene, wenn du die Baumart nicht kennst.

③ Zeichne den Baum so gut, wie du kannst.
Wie sieht sein Stamm aus?
In welche Richtung stehen die Zweige?

④ Baumrinden können sehr unterschiedlich sein.
Nimm ein anderes Blatt und Wachsmalstifte und rubble die Rinde ab. Schneide ein Stück dieser Rinden-Zeichnung aus und klebe es auf das Arbeitsblatt auf.

⑤ Suche ein Blatt des Baumes.
Presse dein Blatt und klebe es dann auf. Wenn dein Blatt zu viel Platz braucht, malst du es in den Rahmen auf dem Arbeitsblatt.
Welche Form hat dein Blatt? Beschreibe es.

Benutze diese Wörter für die Blattformen:

rund   eiförmig   dreieckig   herzförmig   lanzettförmig   gelappt   handförmig   gefiedert

Benutze diese Wörter für die Blattränder:

ganzrandig   gebuchtet   gezähnt   gesägt   doppelt gesägt   gekerbt

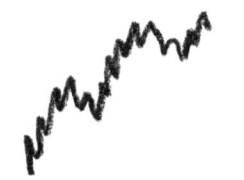

⑥ Findest du noch eine Frucht des Baumes?
Male sie in das freie Feld auf dem Arbeitsblatt.

? Helferkind: _____

Herbstgeschichten 7

Wähle einen Geschichtenanfang aus.
Wie geht die Geschichte weiter? Was passiert?
Ist es eine lustige Geschichte?
Ist es eine spannende Geschichte?
Ist es eine traurige Geschichte?

Schreibe zunächst den Anfang auf ein Textblatt ab.
Schreibe dann die Geschichte zu Ende.

Male das Bild auf deinem Arbeitsblatt bunt.

? Helferkind: _____

© SCHUBI

Herbstwetter 8

① Im Herbst wird es kälter, es regnet öfter, manchmal gibt es Nebel.
Suche im ersten Kasten Wetterwörter und kreise sie ein.

Zähle, wie oft du die Wörter gefunden hast und
kreise die richtige Zahl im zweiten Kasten ein.

② Zeichne Pfeile ein, die zeigen wie das Windrad die anderen Räder bewegt.

? Helferkind: _____

© SCHUBI

Gedicht: Ich bin... 9

Ihr habt in der Klasse das Gedicht „Ich bin der Wind" von Erwin Moser gelesen.
Lies es jetzt aufmerksam für dich.

Wie oft kommt der Titel im Gedicht vor?
Unterstreiche diese Sätze.

Schreibe selbst ein Gedicht mit dem Titel „Ich bin...".
Überlege zuerst, wer du in deinem Gedicht sein willst. Was kannst du alles?

? Helferkind: _____

© SCHUBI

Herbstfrüchte-Memospiel

10

Spiele mit anderen Kindern das Memospiel:

Die Karten werden mit den Bildern nach unten auf dem Tisch verteilt und gut gemischt.

Reihum dürft ihr zwei Karten umdrehen.

- Wenn du ein Paar gefunden hast, darfst du die beiden Karten behalten. Du bist noch einmal dran.
- Wenn du unterschiedliche Karten aufgedeckt hast, musst du die Karten wieder verdeckt zurücklegen. Das nächste Kind ist an der Reihe.

Wenn alle Paare gefunden sind, ist das Spiel zu Ende.

? Helferkind: _____

© SCHUBI

Tiere bereiten sich auf den Winter vor

11

Die meisten Tiere bereiten sich auf den Winter vor.
Sie machen dies auf unterschiedliche Weise.

Erforsche, wie sich Igel, Eichhörnchen und Schwalben auf den Winter vorbereiten.

Suche dir noch ein viertes Tier aus und schreibe und male deine Ergebnisse auf.

? Helferkind: _____

© SCHUBI

Igelwissen

① Kennst du die Namen für die Körperteile des Igels?
Setze die Wörter an die richtige Stelle im Bild.

② Lies den Text durch oder lasse ihn dir vorlesen.

? Helferkind: _____

© SCHUBI

Speisekarte eines Igels

Igel müssen viel fressen, wenn sie im Winterschlaf nicht verhungern wollen.

① Auf den Bildern siehst du, was Igel gerne fressen.
Schreibe die Namen dazu.

② Lies das Gedicht oder lasse es dir vorlesen.
Wenn du Lust hast, lerne es auswendig und trage es den anderen vor.

? Helferkind: _____

© SCHUBI

Die Feinde des Igels

Wie kommt der Igel in sein Winterquartier?

Hilf ihm, seinen Weg zu finden.

Vorsicht! Der Igel darf keinem seiner Feinde begegnen.

Schreibe die Namen zu den Feinden.

? Helferkind: _____

© SCHUBI

Faltheft: Das Igeljahr

① Lege das Blatt quer mit der Schrift nach unten.
Falte es einmal von unten nach oben.
Klappe es wieder auf.

② Drehe das Blatt um 90 Grad.
Falte es einmal von unten nach oben.

③ Dreh das Blatt mit der Schrift nach oben.
Falte das Blatt von unten bis zur Knickfalte.
Klappe es wieder auf.
Falte das Blatt von oben bis zur Knickfalte.
Klappe es wieder auf.

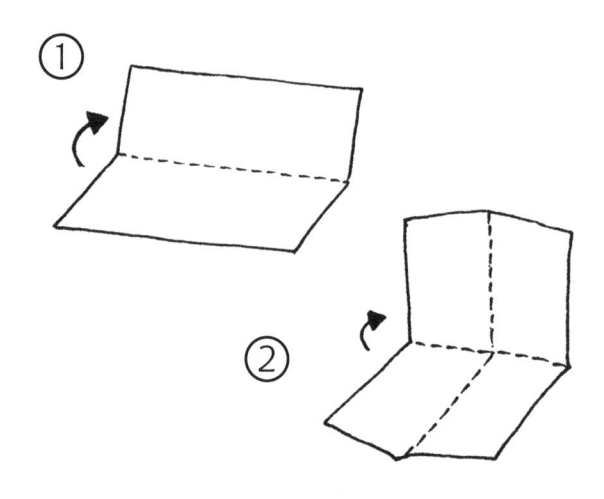

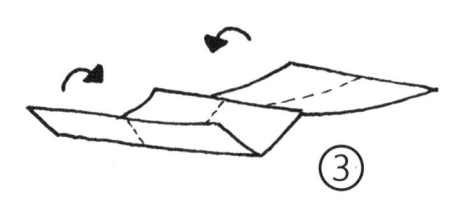

④ Schneide mit der Schere die Mittellinie von der Knickfalte bis zu Hälfte wie auf der Zeichnung ein.

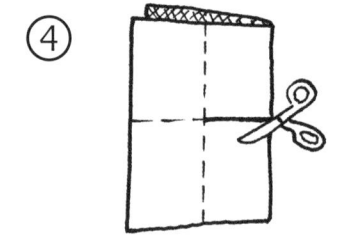

⑤ Falte das Blatt wieder auf.
Fasse es links und rechts wie auf der Zeichnung und schiebe die Seiten in die Mitte.

⑥ Mit diesem Heft erfährst du, wie ein Igeljahr aussieht.

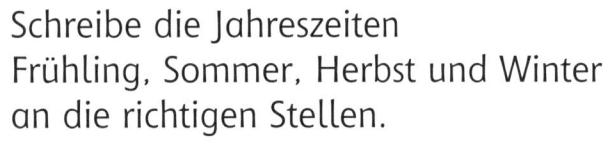

Schreibe die Jahreszeiten
Frühling, Sommer, Herbst und Winter
an die richtigen Stellen.

Male die Bilder in deinem Igel-Heft bunt.

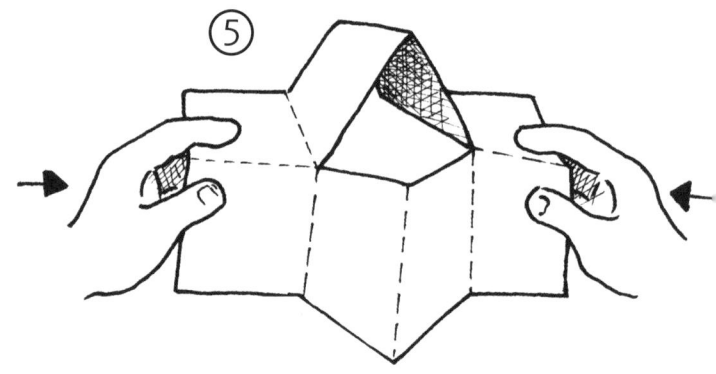

? Helferkind: _____

© SCHUBI

Lesen, malen und schreiben 16

Lies den Text
und male das Bild fertig.

Schreibe etwas Passendes zum Bild.
Wenn du schon einmal einen Igel gesehen hast,
kannst du auch darüber schreiben.

? Helferkind: _____

© SCHUBI

Der Igel 17

Lege die Karten mit den Bildern nach oben auf den Tisch.

Fange mit der Karte „Der Igel" an.
Lies den Text auf der Rückseite und finde das passende Bild dazu.
Lies auch bei dieser Karte die Rückseite und suche das Bild.

So geht es weiter, bis du alle Karten in der richtigen Reihenfolge sortiert hast.

? Helferkind: _____

© SCHUBI

10 Unterschiede 18

Finde die 10 Unterschiede.
Kreise sie mit einem roten Stift ein.

Schreibe etwas Passendes unter die Bilder.

? Helferkind: _____

© SCHUBI

Bildergeschichte 19

Igel haben einige Feinde. Die Stacheln schützen sie vor ihnen.

Doch einen Feind haben Igel, dagegen helfen auch die spitzesten Stacheln nichts: der Mensch und sein Auto.

Sieh dir die Bilder an und schreibe dazu eine Geschichte.

? Helferkind: _____

© SCHUBI

Igelrechnen 20

Rechne die Aufgaben.

Schreibe den Buchstaben der Aufgabe zu den entsprechenden Zahlen im Lösungssatz.

Wenn du alles richtig machst, erfährst du, was Igel machen müssen, damit sie den Winter überleben.

? Helferkind: _____

© SCHUBI

? Helferkind: _____

© SCHUBI

? Helferkind: _____

© SCHUBI

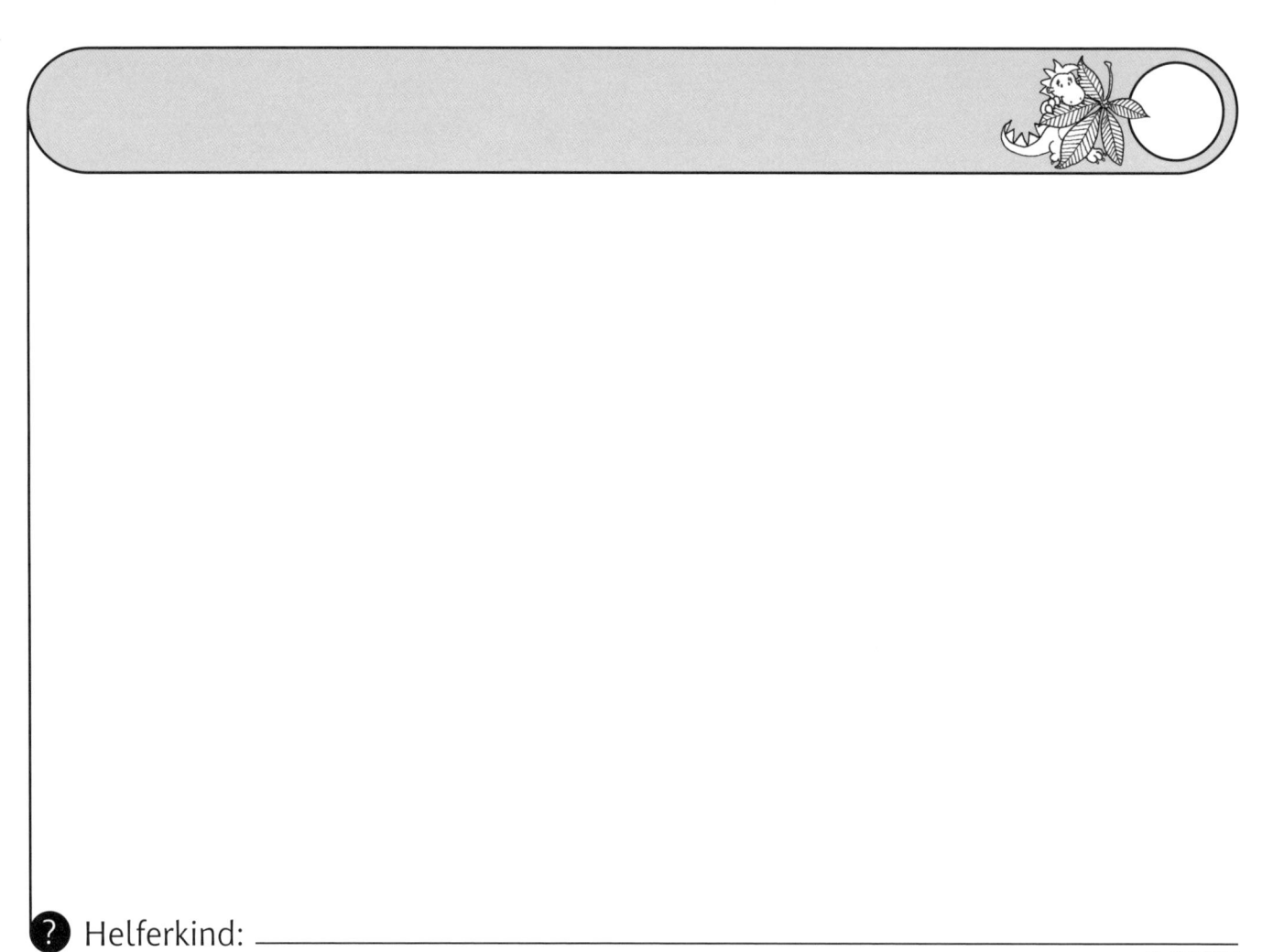

? Helferkind: _____

? Helferkind: _____

? Helferkind: _____

Arbeitsblätter

Name: Datum:

Herbstwörter

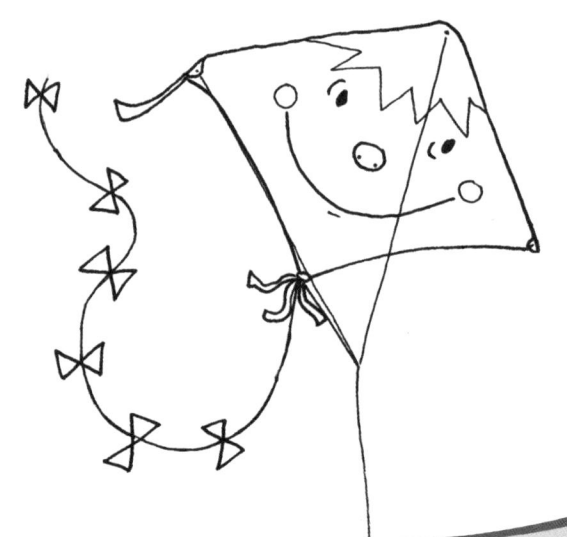

1

Herbstblätter

___ rote Ahornblätter

___ braune Buchenblätter

___ grüne Eichenblätter

___ gelbe Haselnussblätter

Name:

Datum:

Ein Baum

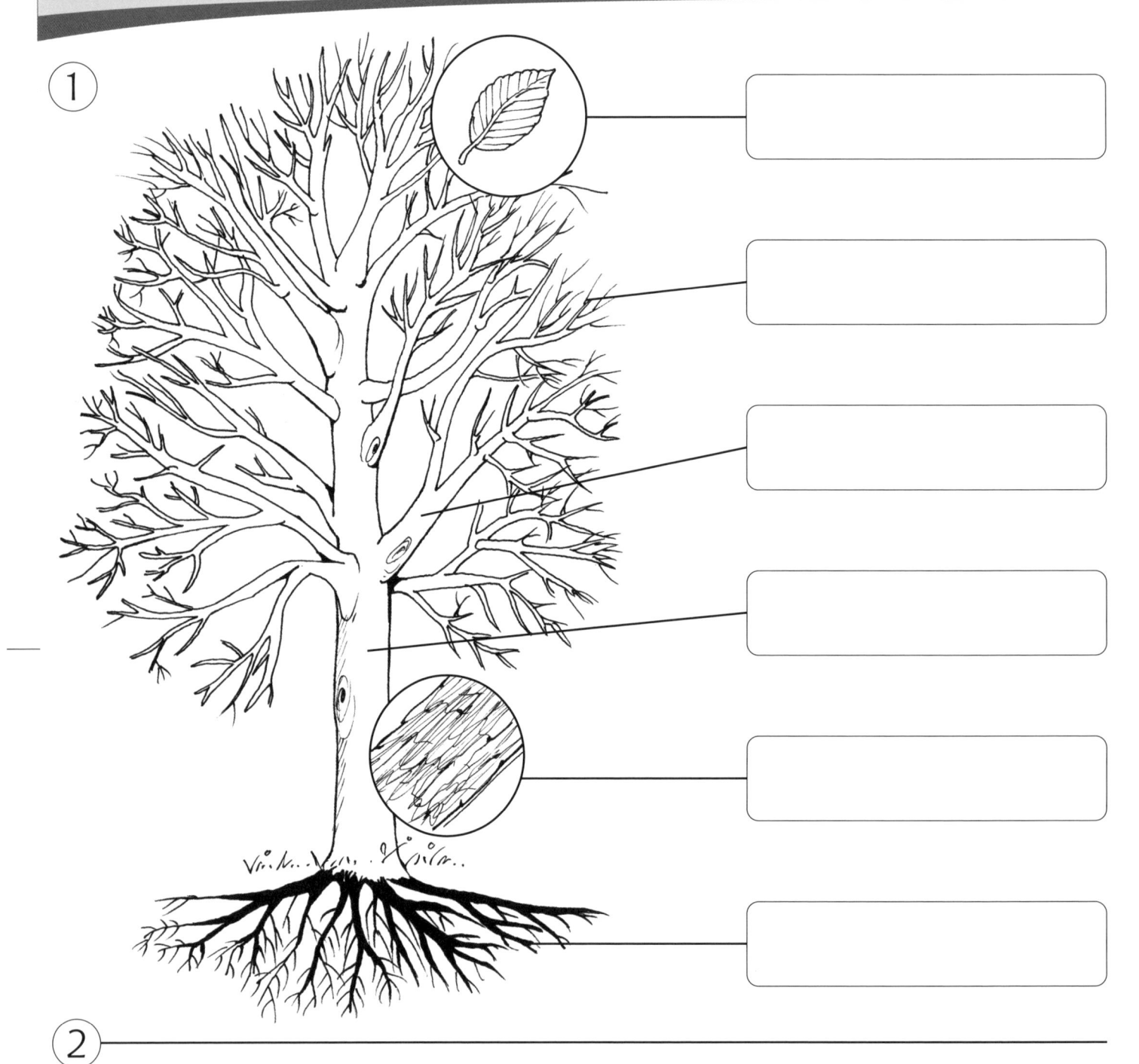

4

①

②

Bäume, Blätter, Früchte

Ahorn

Kastanie

Buche

Eiche

Bäume, Blätter, Früchte:
Bilder zum Ausschneiden

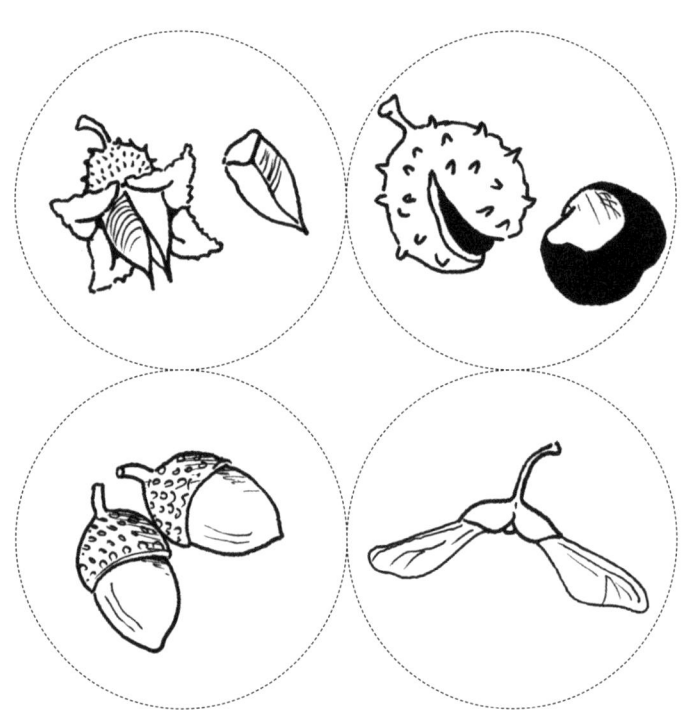

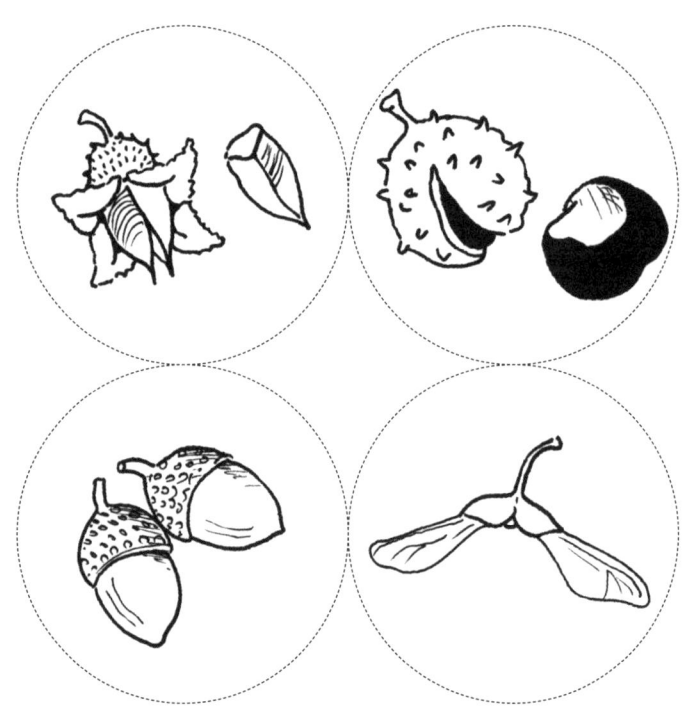

5

Name:

Datum:

Baum-Steckbrief

6

Name des Baumes:

Baum:

Rinde:

Blatt:

Frucht:

Herbstgeschichte 1

Der Drache zog immer stärker und plötzlich flog ich mit ihm durch die Luft…

Herbstgeschichte 2

Das kleine Blatt wollte so gerne mit dem Wind durch die Luft tanzen, aber es hatte Angst loszulassen...

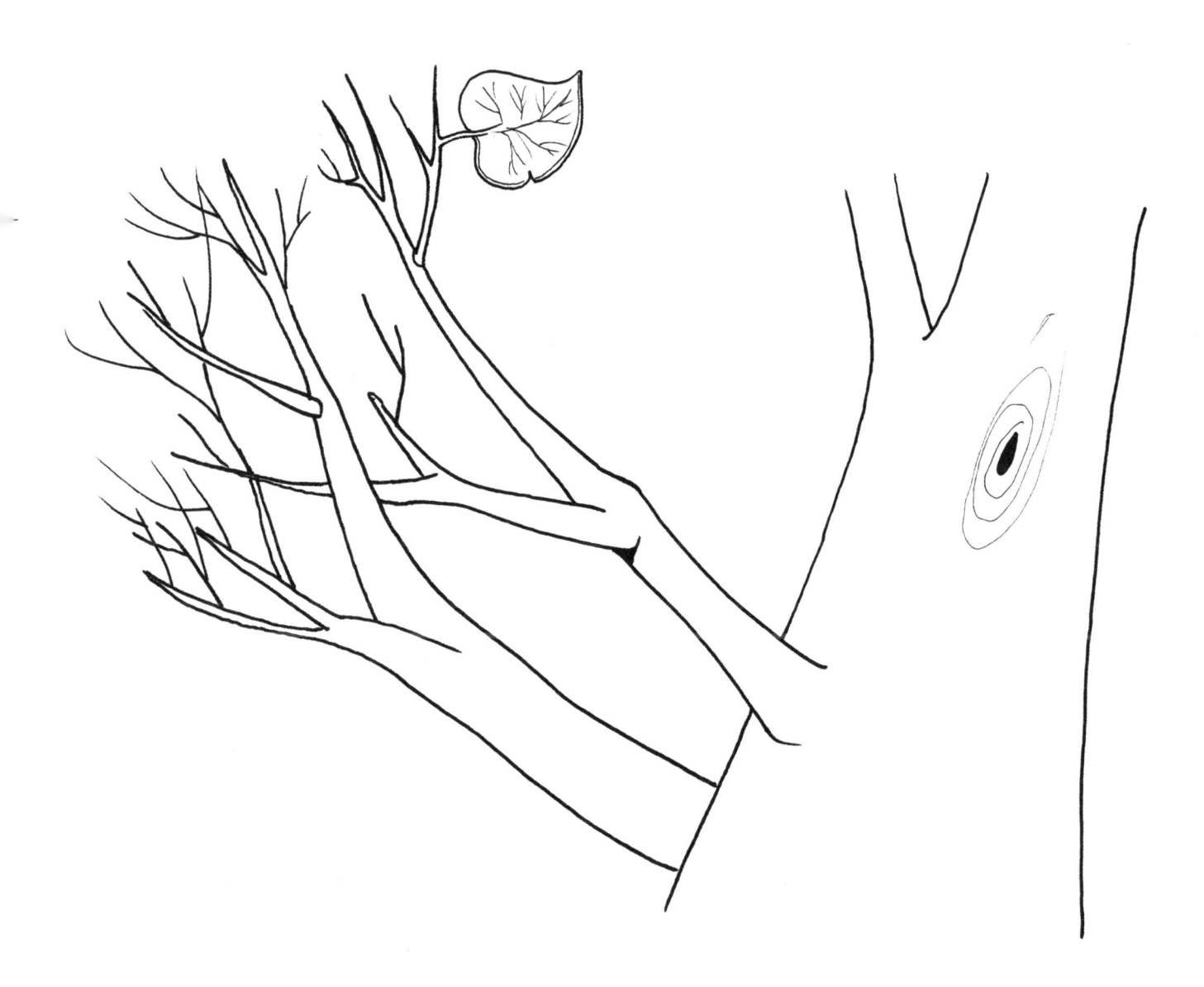

Herbstgeschichte 3

Unter einem bunten Herbstblatt fand das Eichhörnchen eine goldene Zaubernuss…

Herbstgeschichte 4

Als Timo zur Schule
fahren wollte,
war überall dichter
Nebel…

Herbstwetter

1

```
W I N D A S T U R M S D W F
I L E F R O S T E K J H I G
N R B E T N Z U G O R Q N F
D R E G E N P N E B E L D R
W J L G A E Y R N T G S H O
W S T U R M O R E G E N U S
W I N D L N E B E L N B I T
```

Wind	ein	zwei	drei	vier	fünf	sechs
Frost	null	zwei	vier	sechs	acht	zehn
Nebel	ein	zwei	drei	vier	fünf	sechs
Hitze	null	ein	zwei	drei	vier	fünf
Regen	drei	vier	fünf	sechs	sieben	acht
Sonne	null	ein	zwei	drei	vier	fünf
Sturm	null	zwei	drei	vier	fünf	sechs

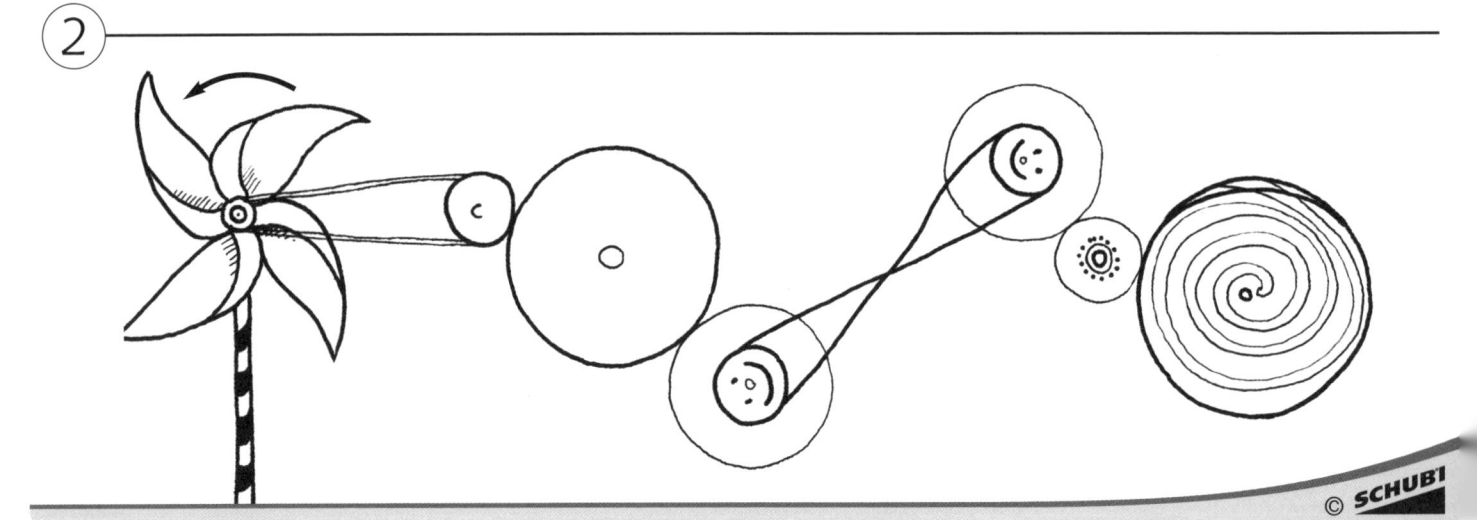

2

Name:

Datum:

D Gedicht: Ich bin…

Ich bin der Wind

Ich bin der Wind.
Über die Felder
jage ich die Blätter.
Huiii und wirble sie hoch.
Ich bin der Wind.
Soll ich dir
Angst machen?
Das könnte ich auch.
Ich bin der Wind.
Den Wetterhahn auf
dem Kirchturm
mache ich zum
Propeller. Wetten?
Ich bin der Wind.
Aufgewacht ihr
müden Lüfte,
ihr Stubenhocker!
Ich bin der Wind.
Meer! Soll ich dir
Wellen machen?
Ich weiß, dass du
das magst!
Ich bin der Wind.
Ich bin frei!
Versucht doch
mich einzufangen!

© Erwin Moser

Ich bin _____

Gedicht: Ich bin …

Ich bin der Wind

Ich bin der Wind.
Über die Felder
jage ich die Blätter.
Huiii und wirble sie hoch.
Ich bin der Wind.
Soll ich dir
Angst machen?
Das könnte ich auch.
Ich bin der Wind.
Den Wetterhahn auf
dem Kirchturm
mache ich zum
Propeller. Wetten?
Ich bin der Wind.
Aufgewacht ihr
müden Lüfte,
ihr Stubenhocker!
Ich bin der Wind.
Meer! Soll ich dir
Wellen machen?
Ich weiss, dass du
das magst!
Ich bin der Wind.
Ich bin frei!
Versucht doch
mich einzufangen!

© Erwin Moser

Ich bin _____

Tiere bereiten sich auf den Winter vor

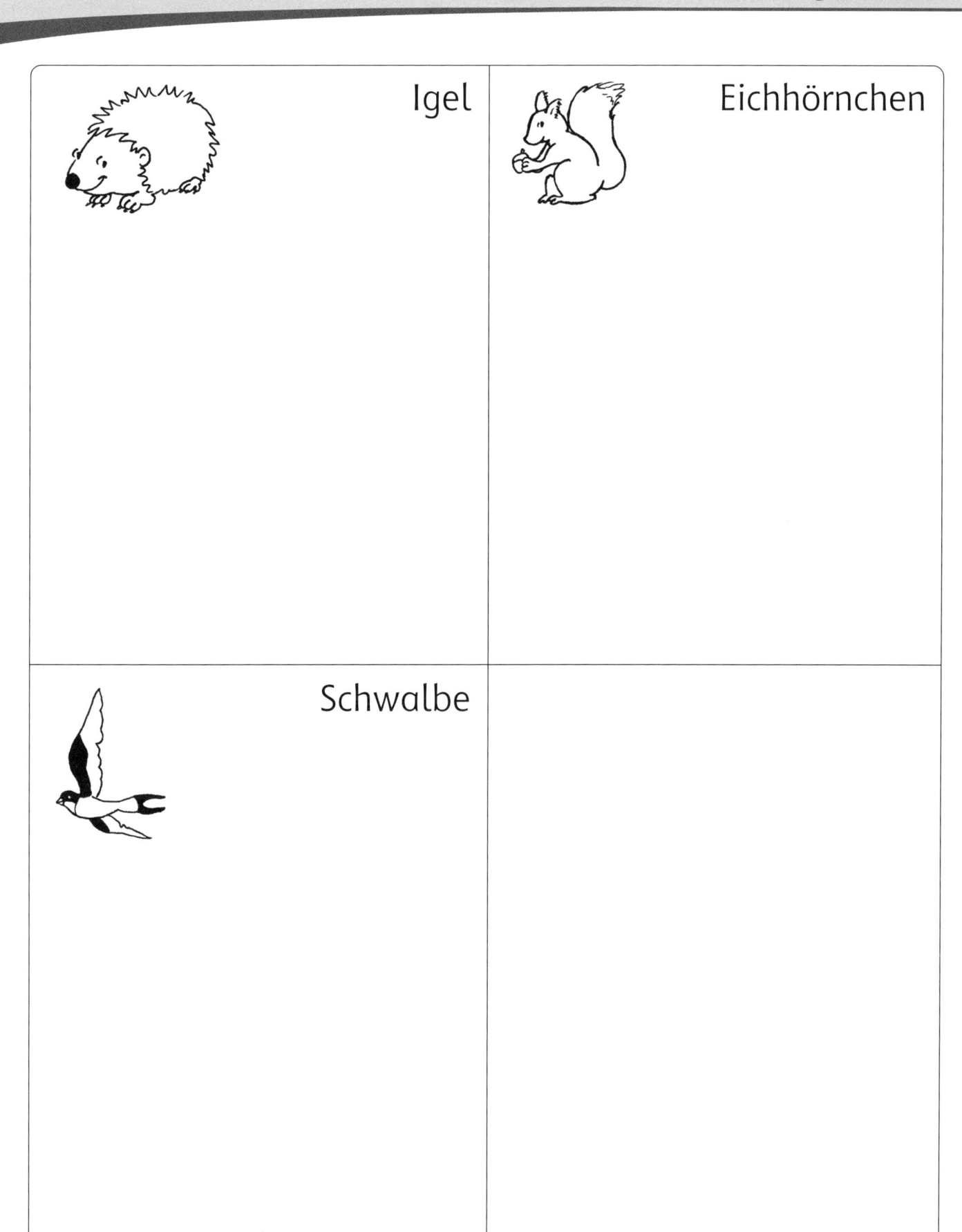

11

Igel	Eichhörnchen
Schwalbe	

Igelwissen

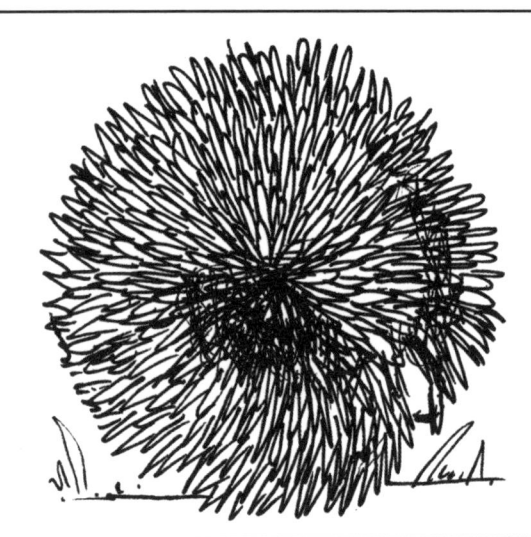

① Auge, Hinterbeine, Nase, Ohr, Schnauze, Stacheln, Vorderbeine

②

Wenn der Igel Gefahr spürt, rollt er sich zusammen.

Seine spitzen Stacheln richten sich sofort auf.

Er sieht dann aus wie eine Stachelkugel.

D # Speisekarte eines Igels

13

① **Speisekarte**

②

Was ein Igel alles frisst

Käfer, Spinnen,
Wespen, Bienen,

dicke Zecken
Frösche, Schnecken,

Wasser, Mäuse,
Flöhe, Läuse,

manchmal eine Kreuzotter
zwischendurch
einen Eidotter,

Regenwürmer, saftig zarte,
stehen auf der Speisekarte.

Igel, guten Appetit!
Aber ich mach da nicht mit.

Außer Wasser und Ei
wär für mich nichts dabei.

© A. Schweiggert, München

Name: Datum:

Speisekarte eines Igels

13

① Speise karte

Guten Appetit!

②

Was ein Igel alles frisst

Käfer, Spinnen,
Wespen, Bienen,

dicke Zecken
Frösche, Schnecken,

Wasser, Mäuse,
Flöhe, Läuse,

manchmal eine Kreuzotter
zwischendurch
einen Eidotter,

Regenwürmer, saftig zarte,
stehen auf der Speisekarte.

Igel, guten Appetit!
Aber ich mach da nicht mit.

Ausser Wasser und Ei
wär für mich nichts dabei.

© A. Schweiggert, München

Die Feinde des Igels

14

Das Igeljahr

Im ___ zieht der Igel seine Jungen auf.

Im ___ frisst der Igel sehr viel.

Er bekommt ein dickes Fettpolster.

Im ___ sucht er sich ein warmes Versteck und hält seinen Winterschlaf.

Dabei verbraucht er seine Fettvorräte.

Wenn der Igel im ___ aufwacht, ist er dünn geworden.

Er muss viel Futter suchen.

Name:

Datum:

Lesen, malen und schreiben

16

Der Igel ist braun.
Er sucht Futter.
Am Baum ist ein Käfer.
Auf dem Stein sitzt eine Schnecke.
Der Mond scheint.

Male alles an.

_____

_____

_____

Lesen, malen und schreiben

Der graubraune Igel ist
auf der Suche nach Futter.

Er riecht die Schnecke,
die auf dem Stein sitzt.

Findet er auch den Käfer
auf dem Baumstamm?

Igel sind nachts unterwegs.
Am nachtblauen Himmel
scheint der Mond.
Auf dem Baum sitzt eine Eule.

Es ist Herbst. Ein Blatt hängt
in den spitzen Stacheln des Igels.

Male alles in passenden
Nachtfarben an.

10 Unterschiede

Bildergeschichte

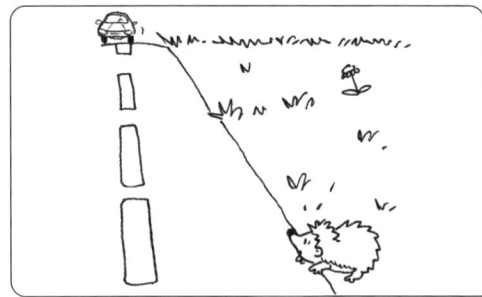

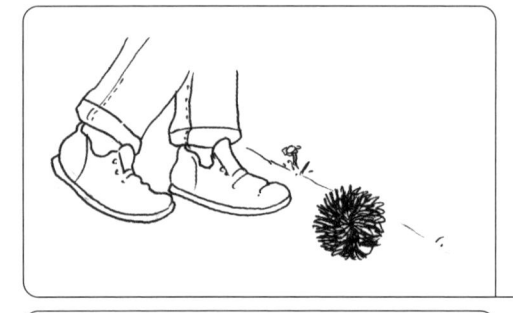

Name:

Datum:

19

Igelrechnen bis 20

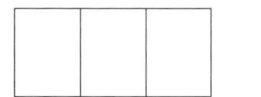

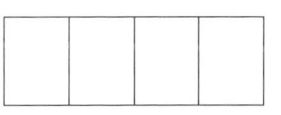

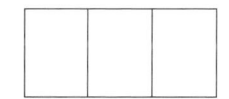

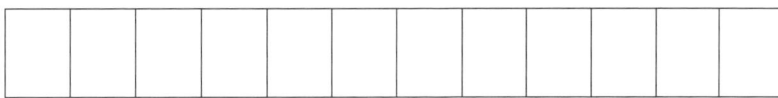

A: 2 + 1 = ___
C: 3 + 7 = ___
D: 8 + 9 = ___
E: 3 + 9 = ___
F: 9 + 9 = ___
G: 10 + 10 = ___
H: 2 + 3 = ___
I: 7 + 6 = ___
L: 4 + 7 = ___
M: 7 + 8 = ___
N: 5 + 9 = ___
O: 1 + 3 = ___
R: 10 + 9 = ___
S: 7 + 9 = ___
T: 2 + 6 = ___
U: 3 + 4 = ___
V: 3 + 6 = ___
W: 1 + 5 = ___

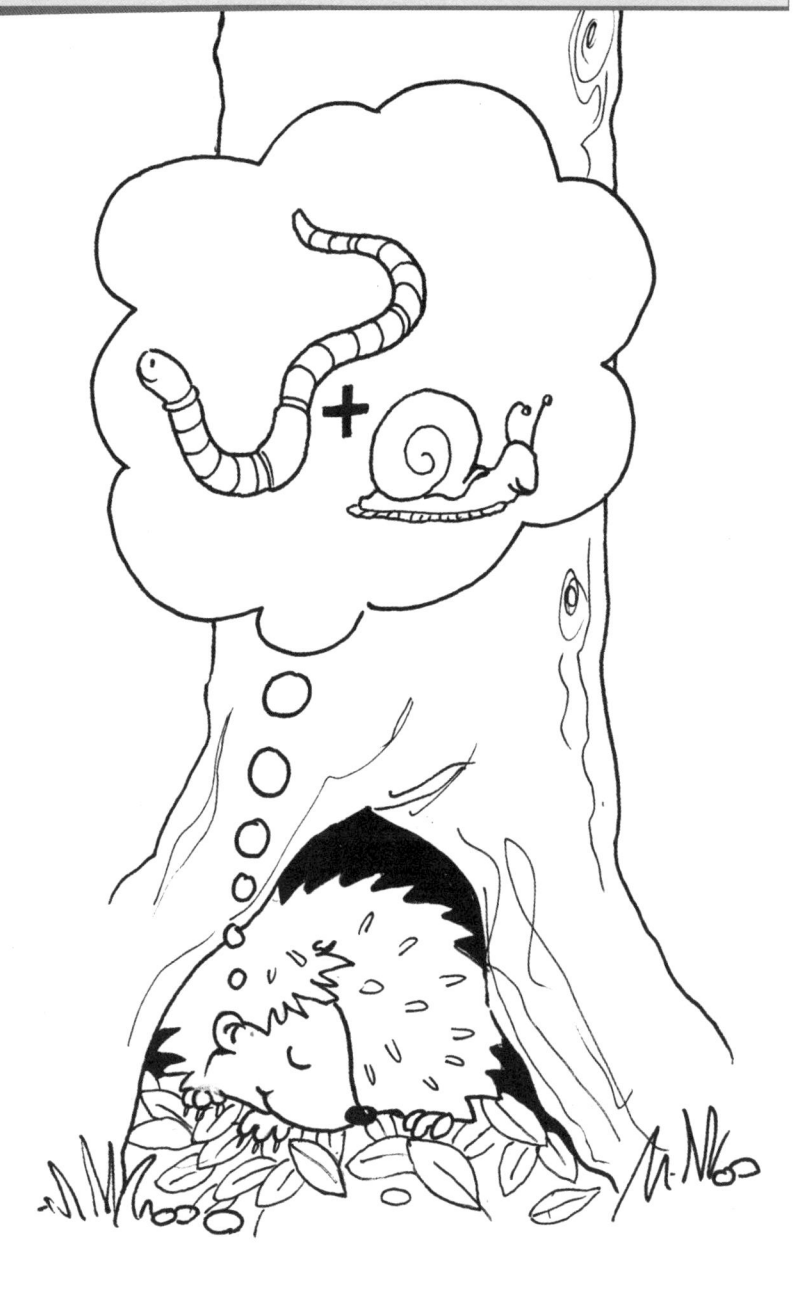

17 12 19
13 20 12 11
15 7 16 16
9 4 19

17 12 15
6 13 14 8 12 19 16 10 5 11 3 18

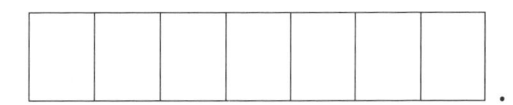

9 13 12 11
18 19 12 16 16 12 14 .

Igelrechnen bis 100

A: 32 + 46 = ___
C: 16 + 14 = ___
D: 24 + 13 = ___
E: 46 + 46 = ___
F: 47 + 13 = ___
G: 35 + 35 = ___
H: 38 + 13 = ___
I: 41 + 40 = ___
L: 37 + 8 = ___
M: 25 + 14 = ___
N: 54 + 32 = ___
O: 38 + 39 = ___
R: 13 + 11 = ___
S: 27 + 27 = ___
T: 29 + 5 = ___
U: 87 + 13 = ___
V: 40 + 33 = ___
W: 38 + 23 = ___

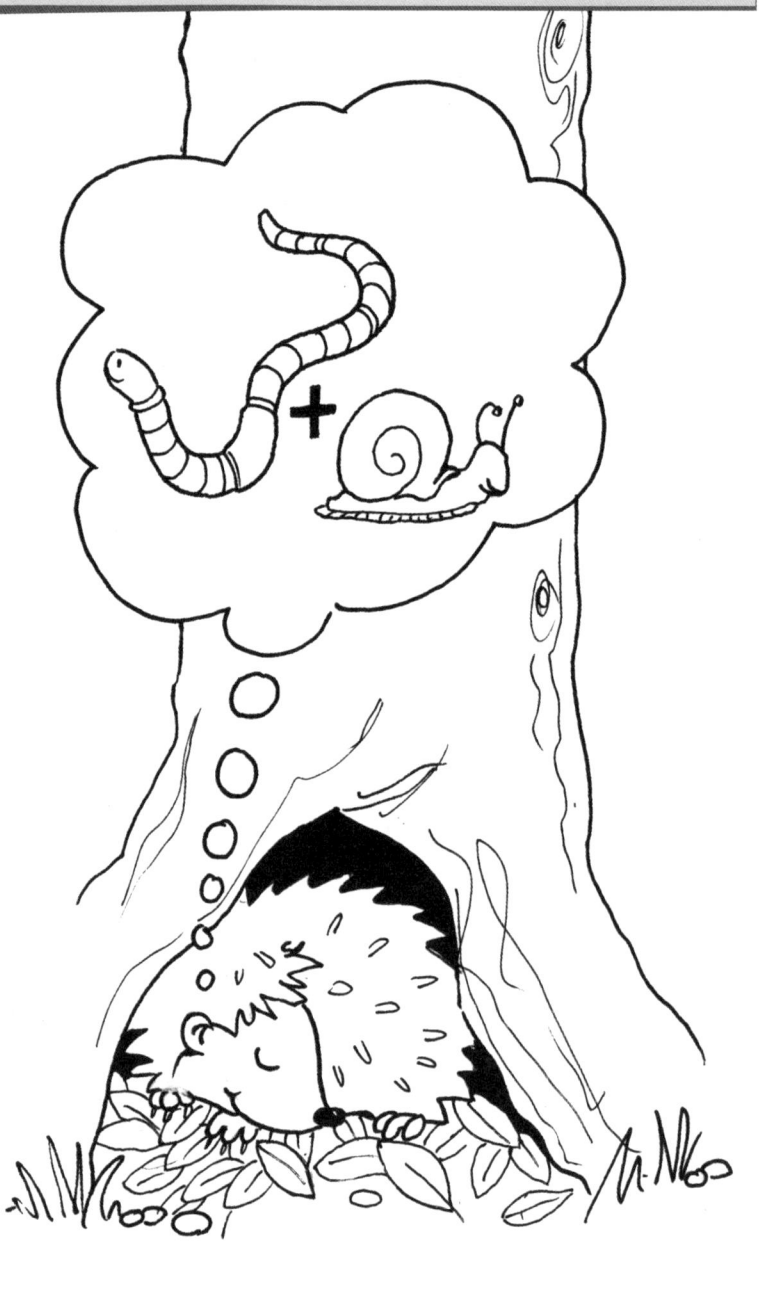

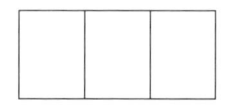

37 92 24

81 70 92 45

39 100 54 54

73 77 24

37 92 39

61 81 86 34 92 24 54 30 51 45 78 60

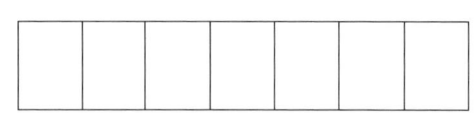

73 81 92 45

60 24 92 54 54 92 86

Kontrolle und Zusätze

Lehrerkontrolle — Im Herbst – Der Igel

Name																			
1	Herbstwörter
2	Herbstblätter
3	Herbstdomino
4	Ein Baum
5	Bäume, Blätter, Früchte
6	Baum-Steckbrief
7	Herbstgeschichten
8	Herbstwetter
9	Gedicht: Ich bin…
10	Herbstfrüchte-Memospiel
11	Tiere bereiten sich auf den Winter vor
12	Igelwissen
13	Speisekarte eines Igels
14	Die Feinde des Igels
15	Faltheft: Das Igeljahr
16	Lesen, malen und schreiben
17	Lesekarten: Der Igel
18	10 Unterschiede
19	Bildergeschichte
20	Igelrechnen bis 20 / 100

Werkstattpass

Name:

63

61

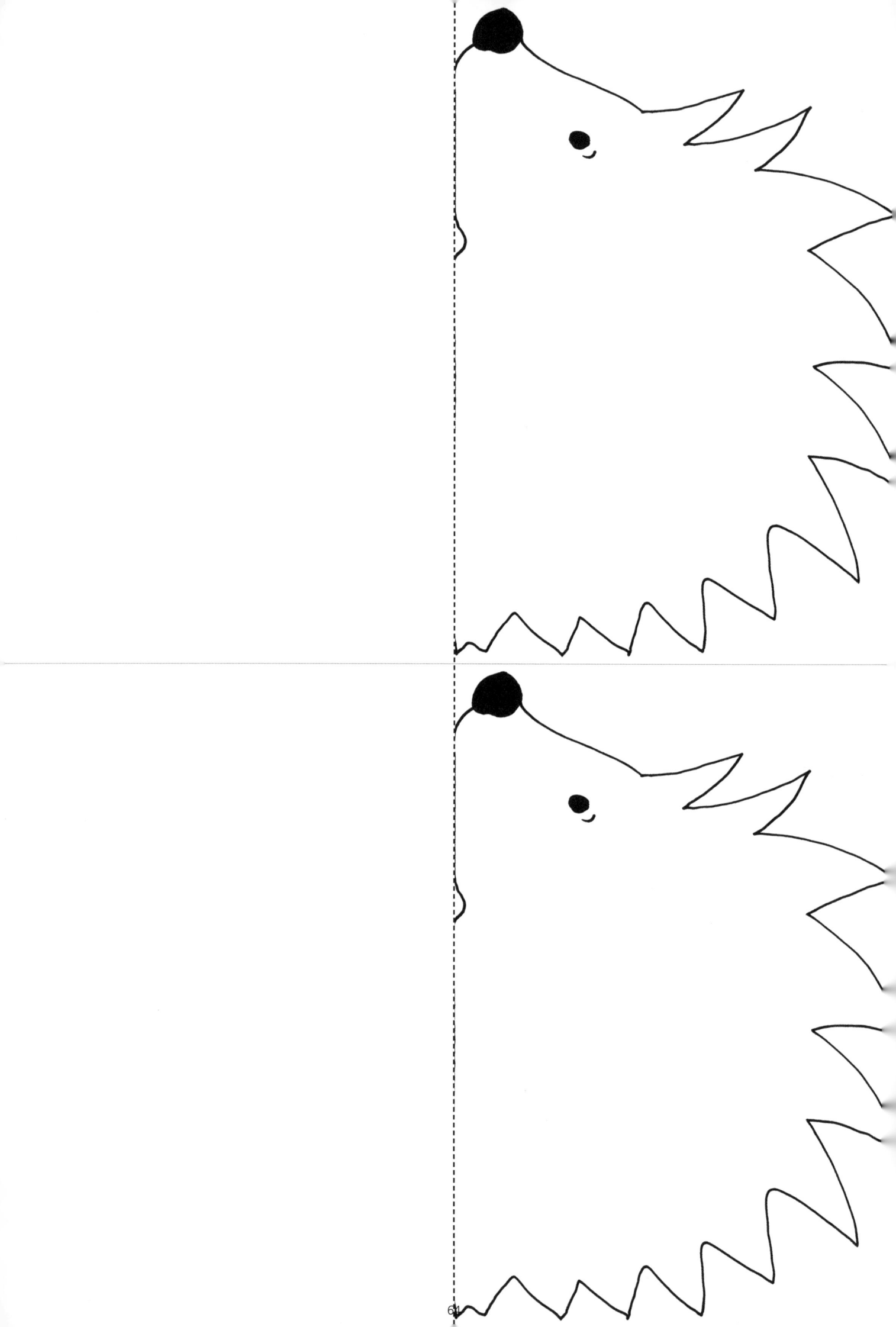

Anhänge und Extras

„Bunt sind schon die Wälder"

Bunt sind schon die Wälder

Bunt sind schon die Wälder,
gelb die Stoppelfelder,
und der Herbst beginnt.

Rote Blätter fallen,
graue Nebel wallen,
kühler weht der Wind.

Johann Gaudenz von Salis-Seewis (1762–1834)